Engelorakel

„Auch dein Engel spricht mit dir"

von
Susanna Winters

© Susanna Winters

Auflage, 2020

Bilder und Cover: Susanna Winters

Verlag & Druck:
tredition GmbH, Halenreie 40-44, 22359 Hamburg

978-3-347-14255-8 (Paperback)

978-3-347-14256-5 (Hardcover)

978-3-347-14257-2 (e-Book)

Das Werk, einschließlich seiner Teile, ist urheberrechtlich geschützt. Jede Verwer-tung ist ohne Zustimmung des Verlages und des Autors unzulässig. Dies gilt insbesondere für die elektronische oder sonstige Vervielfältigung, Übersetzung, Verbreitung und öffentliche Zugänglich-machung.

Bibliografische Information der deut-schen Nationalbibliothek: Die Deutsche Nationalbibliothek verzeichnet diese Publikation in der Deutschen National-bibliografie; detaillierte bibliografische Daten sind im Internet über http://dnb.d-nb.de abrufbar.

Einführung

Mein Schutzengel gab mir vor einigen Jahren in einem Channeling zu verstehen, dass ich im Auftrag der Geistwelt und nach meiner eigenen Bestimmung als spirituelle Ratgeberin / Autorin Bücher verfassen werde. Und so entstand zu meiner Überraschung mein Erstlingswerk „Kommuniziere mit deinem Engel", dessen Text zum größten Teil von meinem Schutzengel und meinem Geistführer durchgegeben wurde. Relativ schnell hiernach wurde mir aufgetragen, dieses Engelorakel zu schreiben.

Nach und nach wurden mir die einzelnen Antwortthemen mitgeteilt und beim Verfassen des Textes war stets mein Schutzengel anwesend, der mir zur Seite stand und mich inspirierte.

Engeln ist es wichtig, dass wir Menschen immer mehr ihre Anwesenheit wahrnehmen und mit ihnen ganz bewusst in Kontakt treten. Ihr sehnlichster Wunsch ist es, dass wir an sie denken, mit Ihnen sprechen, damit sie uns noch besser helfen und unterstützen können. Wenn wir ihre Ratschläge und Botschaften erkennen, dann fällt uns das Erreichen unserer Lebensaufgaben und unserer Lebensbestimmung viel leichter, weil wir deutlicher die richtigen Entscheidungen fällen und die für uns besten Wege einschlagen können. Verstehen wir die Sprache der Engel, werden so manche Begebenheiten in unserem Leben verständlicher und deren Sinn offensichtlicher. Hierdurch kann sich unser schöpferisches Potential eher entfalten, weil sie uns in unserem Sein bestärken. Die Liebe der Engel ist bedingunslos, weisend, schützend und voller Sanftmut.

Sie möchten uns vor allem daran erinnern, dass wir mit der bewussten Entscheidung, mit ihnen zu kommunizieren, ein glücklicheres, gesünderes und zufriedeneres Leben führen können. Sie helfen uns in totaler Hingabe und beantworten immer unsere Fragen.

Auch dein Schutzengel spricht mit dir

Botschaften der Engel können überall auftauchen, weshalb wir sie im Alltag nur allzu oft übersehen, überhören oder ihre Antworten nicht unseren Fragen zuordnen können. Unsere eingeschränkte Wahrnehmung kann oft die Sprache bzw. die Zeichen, Hinweise und Botschaften der Engel nicht verstehen. Deshalb sind Engelkarten ein wunderbares Hilfsmittel und die Engel können uns über diese leichter erreichen. So schenken sie uns gerne ihre Antworten über Kartendecks bzw. Orakel.

Immer mehr Menschen erwachen und erinnern, wer sie wirklich sind. Ihr wahres Selbst hat alles Wissen in sich und unsere Schutzengel führen uns ins höhere Bewusstsein und die Erkenntnis, das letztendlich alle Antworten bereits in uns sind. Unsere Engelfreunde geben uns nur einen kleinen Schubser.

Engel sind machtvolle göttliche Boten, die nur darauf warten, dass wir sie um Hilfe und Rat bitten. Aber in der Regel können sie dies nur, wenn wir sie auch ganz bewusst ansprechen. Der freie Wille des Menschen ist ausschlaggebend, ob und wie dein Engel dir helfen kann.

Durch das Befragen und Arbeiten mit einem Engelorakel haben wir ein sehr gutes Medium an der Hand, durch das wir leicht mit ihnen in Kontakt kommen können.

Sei dir gewiss, dass du mit jeder Kontaktaufnahme durch das Orakel bei unseren Himmelsboten eine große Freude auslöst. So manch einer wird auch dabei ihre Gegenwart spüren können, da sie in Schwingungsresonanz mit dir gehen, weil du während der Befragung bewusst an sie denkst.

Jetzt, während du diese Zeilen liest, sind Engel bei dir und sind voller Vorfreude.

Zu den Antworten

Mein Engel hat sich sehr bemüht, eine Vielzahl an möglichen Antworten zu allen Themen des Lebens zu übermitteln. Die Orakel-Antworten sind nummeriert und beginnen mit der **kosmischen Zahl 11.**

Die wesentliche Aufgabe dieses Orakels besteht darin, dich in die Lage zu versetzen, Antworten, Botschaften, Empfehlungen und Ratschläge zu erhalten, die zu bewussten Entscheidungen führen, dir aber auch Trost, Einsicht, Verständnis, Mitgefühl, Motivation, Erkenntnis usw. bringen können. Vor allem wäre es schön, wenn du durch das Arbeiten mit dem Orakel ein bewussteres Verhältnis zu deinen Engeln aufbauen kannst und ihnen auch außerhalb der Befragungen ihre Aufmerksamkeit schenkst.

Umso bewusster du den Kontakt suchst und deine Engel in deinen alltägliches Leben mit einbeziehst, umso höher wird auch die Wahrscheinlichkeit, die Sprache der Engel, auch außerhalb des Orakels, zu verstehen.

Wie du das Orakel befragst

Orakel sind eine einfache Methode, um sich Rat zu holen. Du kannst beim Befragen und Ermitteln einer Antwort nichts falsch machen. Konzentriere dich dabei einfach nur auf deine Frage und bitte deine Engel um ihre Hilfe. Wichtig ist, dass du spontan, je nach Methode, entweder hierfür eine Karte oder ähnliches ziehst, oder einen 8-eckigen Würfel benutzt.

Habe keine Zweifel, dein Schutzengel führt dich immer zur richtigen Antwort.

Du kannst auch ohne eine direkte Frage das Orakel benutzen und deinen Engel anweisen, dir eine zur momentanen Zeitqualität bzw. Lebenssituation passende Antwort zu offenbaren.

Das gleiche gilt für eine Zukunftsprognose (schränke hier aber die Zeit dabei ein, wie beispielsweise „was erwartet mich heute, oder die kommende Woche usw.).

Genauso kannst du Fragen stellen wie „was muss ich beachten oder lernen" oder „welches Thema steht für mich an", und das Orakel wird dir einen guten Rat erteilen.

Die einzige Empfehlung, die ich beim Arbeiten mit dem Orakel und der Kommunikation mit deinen Engeln geben möchte, ist die, dass du die Fragen nur in einem geistig und seelisch stabilen Zustand stellen solltest. Falls du innerlich beispielsweise zu aufgeregt bist und du Angst hast, dich von Sorgen zu stark überrollt fühlst, oder gar zu starke Erwartungen bezüglich einer für dich zu emotionalen Sache hegst, kann es passieren, dass die Engel nicht richtig zu dir durchkommen und du nicht ihrer Führung vertraust.

Befrage das Orakel in einem entspannten ruhigen Moment. Bei Aufregung, Angst und Sorge schwingst du tiefer und die Verbindung zur Engelwelt ist erschwert. Warte dann lieber, atme dreimal tief durch, versuche dich zu entspannen, bis du dich in einem stabileren ruhigeren Zustand befindest. Und vergiss nicht, dass deine Engel dir dabei gerne helfen, wenn du sie darum bitten.

Wenn du öfters mit dem Orakel arbeitest und auf diese Weise eine Beziehung zu deinen Engeln aufbaust und intensivierst, wirst du die Antworten auf deine jeweilige Situation und Frage immer besser verstehen und deuten können.

Bevor du loslegst

Um mit dem Orakel arbeiten zu können, benötigst du einige Utensilien. Es gibt mehrere Möglichkeiten, wie du eine Antwort ermitteln kannst. Du kannst dir einen 8-eckigen Würfel besorgen (gibt es sehr günstig beispielsweise bei Ebay).

Oder du schneidest dir selbst 8 Karten aus festerem Papier/Karton aus und beschriftest diese jeweils mit den Zahlen von 1 bis 8.

Ich selbst habe mir Karten angefertigt, weil ich das Ziehen von Karten bevorzuge. Natürlich kannst du auch, wie es eine meiner Freundinnen getan hat, 8 Holzstäbe beschriften oder andere Formen aussuchen, die dir lieber sind und dir entsprechen. Die erste Ziehung steht für die erste Zahl, die zweite demnach für die zweite. Ziehst du beispielsweise als erstes die 5 und als zweites die 3, dann ist die Antwort: 53.

Deutung des Engelorakels

Dein Engel antwortet dir.

Jede Antwort beginnt mit einem Titel und einer wegweisenden Überschrift.

Lasse beides als erstes auf dich wirken und lese erst im Anschluss den nachfolgenden Text auf der folgenden Seite.

Lies die Antwort, lasse sie in dir wirken und setze sie in Verbindung zu deiner Frage.

Achte beim Lesen der Antwort auf deine Gefühle und Gedanken. Deine innere Stimme (geflüstert durch deinen Engel) wird dir die Interpretation auf deine individuelle Situation erleichtern.

Du kannst beim Befragen keine Fehler machen, da du mit deiner Schwingung in Resonanz gehst mit den Antworten und das Gesetz der Anziehung und Synchronizität führt dich in Begleitung deines Engels immer zur passenden Botschaft.

11. Wahre Liebe

Liebe verbindet

11. Wahre Liebe

Nur wer erkennt und sich erinnert, dass alle Lebewesen aus einer einzigen Quelle stammen, der erkennt sich auch in jedem anderen wieder. Er weiß, dass wir nach des Schöpfers Ebenbild erschaffen wurden. Er weiß, dass die Urliebe Teil eines jeden ist und wir aus ihr erschaffen wurden.

Vergiss nie, dich selbst zu lieben, damit du auch andere lieben kannst. Lasse dich nicht im Namen der Liebe verführen Dinge zu tun, die dir selbst nicht gut tun, die nicht wirklich deinem Wohl dienen. Gott will nicht, dass du gegen dich selbst handelst, nur um eines anderen Willen.

Wahre Liebe verletzt nicht, unterdrückt nicht, macht nicht abhängig und erträgt kein Leid. Wenn etwas sich nicht für dich richtig anfühlt, dir nicht gut tut, so ändere es.

Ehre dich, gehe liebevoll mit dir selbst um denke daran:

Wie im Inneren so im Außen.

12. Lebe im Jetzt

Dein Engel sagt:

Vergangen ist vergangen

12. Lebe im Jetzt

Schau nicht zurück, sondern verlege dein Bewusstsein auf die Gegenwart. Rückwärtig kann dein Leben nicht voranschreiten.

Es ist immer nur der Augenblick, der zählt. Er ist es, der bestimmt, wie es dir geht. Jetzt ist immer der eine Moment, der dein ganzes Leben bestimmt. Deine Gedanken, Gefühle und Taten sind deinem Willen unterstellt. Bestimme, was du denken, fühlen und tun möchtest und zwar in jedem Augenblick.

Lebe im Hier und Jetzt und bestimme das zukünftige Geschehen. Der Blick zurück verschenkt Energie, verklärt Vergangenes und trübt den Blick für Kommendes. Was geschehen ist, ist geschehen. Aber nichts, außer du selbst, kann dich davon abhalten, gegenwärtig nur das Beste zu denken, zu fühlen und zu tun.

Dein Schutzengel liebt dich jede Sekunde deines Lebens und wünscht sich nichts mehr, als für dich da zu sein und dein „JETZT" so positiv wie möglich mitzugestalten.

13. Sei dankbar

Dank ist eine starke Energieform

13. Sei dankbar

Noch viel wichtiger als das Bitten und Wünschen ist es, dankbar zu sein. Sobald du bittest, äußerst du einen Mangel. Bist du dir aber gewiss, dass das Erwünschte vor der Tür steht und bist du dankbar und voller Vorfreude, so setzt du viel Liebesenergie frei, die das Gewünschte tausend Mal schneller in die Realität zieht.

Umso intensiver dein Dank, umso glücklicher das Universum. Dankbarkeit vor der Erfüllung bringt Erfüllung und die Engel erfüllt Dankbarkeit mit unendlicher Freude. Sie können aufgrund der hohen positiven Schwingungen, die dadurch entstehen, noch heller strahlen und helfen.

Dankbarkeit entsteht durch das Urvertrauen zum Schöpfer und wird mit Gottes Liebe beantwortet.

Dein Wissen um die universellen Gesetze bringt deine Seele zum leuchten, wenn du diese voller Dankbarkeit einsetzt.

14. Erkenne die Zeichen

Dein Ruf an die Engel

wird immer gehört

14. Erkenne die Zeichen

Die Freude der Engel ist grenzenlos, wenn du sie vernimmst. Höre zu, wenn sie mit dir reden. Sie schicken dir Zeichen über viele verschiedene Wege. In ihnen findest du Anregung, Antwort und Weisungen, die zu deinem derzeitigen Gemüts- und Entwicklungsstand und deinen Fragen gehören.

Du machst die Engel sehr glücklich, wenn du sie verstehst. Ihre Arbeit zu erkennen und dankbar anzunehmen, wertzuschätzen und umzusetzen, ist für die Engel das Schönste. Denn sie wissen, dass du dank ihrer Hilfe auf dem richtigen Weg bist. Häufig schicken sie auch nur Grüße (gern in Form von Federn) an dich, um dich zu bestärken und an sie zu erinnern.

Ja, so manches Mal zeigen sie auch gerne ihren Humor, denn sie lachen gerne und wollen dir ein Lächeln auf dein Gesicht zaubern.

Halte Augen, Ohren und Herz weit offen. Achte stets auf deine spontanen Gedankenblitze und vertraue auf deine Gefühle und Eingebungen.

15. Sei dir deines Selbst bewusst

Verstecke dich nicht

15. Sei dir deines Selbst bewusst

Weißt du, wer du bist? Wenn ja, warum zeigst du dich dann nicht? Du hast der Welt doch etwas zu bieten: dich in deiner ganzen Pracht. Selbstbewusstsein ist nichts anderes, als sich so anzunehmen wie man ist, mit allen Stärken und Schwächen.

Nehme dich liebevoll in den Arm und erkenne, dass deine Seele dich liebt. Hat sie dich doch ausgesucht. Durch dich kann sie ihre Aufgaben im bestmöglichen Sinne erfüllen und durch dich kann sie wachsen.

Die Engel teilen dir mit:

Du bist wichtig, sei dir deines Selbst bewusst und lebe dein wahres Sein. Die meisten Menschen in deinem Leben, ob Eltern, Partner, Kinder, Freunde, Kollegen wollen und brauchen dich, auch sie hatten und haben eine Verabredung mit dir in diesem Leben getroffen.

Trete aus den Schatten deiner Bedenken, Ängste und Blockaden und bringe dein inneres Wesen zum strahlen.

16. Habe Vertrauen

Im Urvertrauen liegt das größte Glück

16. Habe Vertrauen

Es ist an der Zeit, dass du dich von jeglicher Art Kontrolle befreist. Solange du dich von einer unbestimmten Angst leiten lässt, kannst du nicht in Freiheit leben. Wieso glaubst du, alles unter Kontrolle haben zu müssen?

Die Engel sagen dir „Vertraue und bleibe gelassen".

Im Urvertrauen zu Gott, zu den Engeln und damit zum Leben liegt die ganze Wahrheit. Es kann dir an nichts mangeln, du bist immer versorgt und bist immer in Liebe gebettet, solange du vertrauensvoll deiner Seele folgst und nicht deinem Ego.

Rufe Gott und die Engel an und nichts kann Alles-Was-Ist aufhalten, deine Bitten zu erfüllen. In deinem Vertrauen liegt bereits die Erfüllung. Lege deine Sorgen in Gottes Hände, bitte um Hilfe und Lösungen.

Die Engel beteuern:

Im tiefen Wissen und Glauben bringt dein Urvertrauen alles zu dir.

17. Sei zuversichtlich

Zuversicht lässt Flügel wachsen

17. Sei Zuversichtlich

Sei zuversichtlich, bleibe gelassen und entdecke, wie sich für dich immer alles zum Guten wendet.

Es ist alles gut so wie es ist, denn du machst das Beste daraus. Du weißt, es gibt keine Zufälle und alles hat einen Sinn. Du weißt um deine Möglichkeiten, liebst deine Träume und kennst deine Aufgaben.

Die Engel freuen sich, dass du nie aufgibst, immer weitergehst und durchhälst, selbst wenn es mal nicht so einfach scheint. Du bist nie verloren, wirst begleitet, gestärkt und mit positiven Schwingungen versorgt.

Dein Schutzengel erinnert dich:

Tief in dir ist eine Kraft, genährt von liebevoller Energie, die dich durch dieses Leben trägt. Unerschütterliche Zuversicht zeitigt ein glückliches Leben. Lasse deine Tage begleitet sein durch deine Zuversicht.

18. Leichtigkeit

Leichtigkeit leben ist in Freude sein

18. Leichtigkeit

Das Leben erlebst du so, wie du es wahrnimmst. Warum es sich schwerer machen als es ist? Zuviel Ernst nimmt dir die Leichtigkeit des Seins.

Die Engel wünschen sich, dass du die Dinge leichter nimmst, mehr die positiven Seiten einer Sache siehst. Lasse los von traurig machenden Gedanken, umgib dich mit positiven Menschen und vermeide schlechte Einflüsse. Du änderst nichts durch Schwermut. Du änderst etwas nur durch Hoffnung und den Glauben an das Gute.

Es ist ratsam, in bestimmten Lebensphasen allen negativen Nachrichten aus dem Wege zu gehen. Suche Orte und Menschen auf, die dir gut tun. Lockere deine Stimmung auf mit Dingen, die dir Spaß machen. Gestalte dein Umfeld positiv, indem du dir vornimmst, wieder mehr Lächeln und Lachen in dein Leben zu lassen.

Engelrat: Schalte einfach einmal ab und genieße dein Sein.

21. Begabung

Erkenne deine Begabungen!

21. Begabung

Viele Menschen wissen nicht, dass ihre größten Talente meist unter ihren größten Ängsten verborgen bleiben.

Die Engel fordern dich auf, deine Talente zu erinnern, die in dir verankert sind.

Stell dir vor, wie du deine Begabung von Gott erhalten hast. Du hast Sie empfangen, um zu geben. Es soll dir eine Freude sein, andere daran teilhaben zu lassen, da dies ein Weg ist, den deine Seele gerne geht.

Erkenne deine Gabe und erkenne sie auch an. Es ermöglicht dir, ganz du selbst zu sein und deine wirkliche Größe zu erfassen.

Eine Gabe ist ein Geschenk des Himmels zu deiner Freude und zur Freude anderer.

Sie inspiriert und lässt positive Energie fließen hin zur Fülle des Universums, das mit Leichtigkeit, Liebe und Erfüllung antwortet.

22. Sei du selbst

Du bist richtig so, wie du bist

22. Sei du selbst

Sei wer du bist und nicht der, der du sein willst. Nur dann, wenn du dir eingestehst, was dich wirklich ausmacht, wenn du erkennst, wo deine Stärken und Schwächen liegen, wenn du zulässt, dich auch so anzunehmen, wie du bist, mit dem was du kannst und was dich emotional tatsächlich bewegt, nur dann bist du fähig, der Welt dein wahres Sein zu offenbaren.

Siehe, wie wenig dich dein Bemühen um Macht und Anerkennung zu dir selbst finden lässt. Was dich treibt kommt aus alten Leben und hindert dich am neuen Leben. Hier und jetzt lege jede Art von Manipulation ab, dir selbst und anderen gegenüber.

Tiefe Zufriedenheit wird in dir wachgerufen, sobald du keine Rollen mehr spielst.

Die Engel wünschen:

„Bleib in dir und sehe, wer du bist und lasse die anderen dein echtes liebevolles Wesen erkennen.

23. Höre auf deine Innere Stimme

Die Engel reden mit dir

23. Höre auf deine Innere Stimme

Im Grunde ist es ganz einfach. Alles was du wissen möchtest, ist in dir. Es gibt keine Frage, die nicht bereits eine Antwort hat. Dein Höheres Selbst ist mit Allem-Was-Ist verbunden. Du musst nur hinhören.

Du vernimmst deine innere Stimme immer, aber du erkennst sie oft nicht als solche. Du kommst jetzt in eine Phase, wo du sie mehr und mehr vernehmen wirst. Du musst es nur wollen und deine Wahrnehmung auf dein Inneres richten.

Plötzliche Gedanken, die ohne Zusammenhang mit dem vorher Gedachten stehen, sollten deine Aufmerksamkeit bekommen. Achte auf deine emotionalen Reaktionen. Sollte Angst ein Begleiter sein, so sei dir sicher, das dies nicht deine innere Stimme sondern dein ängstliches Ego ist. Deine Intuition bleibt neutral und ruhig.

Dein Schutzengel sorgt für die richtigen Begebenheiten, Menschen und Gelegenheiten und du erkennst sie daran, dass alles mühelos vonstatten geht.

24. Lasse los

Viele Engel sind nun bei dir, um dir zu helfen, einen nächsten wichtigen Schritt zu tun.

24. Lasse los

Es ist nun die Zeit des Loslassens gekommen.

Nur so kann das Neue dein Leben bereichern und die nötige Veränderung bringen. Es existiert kein wirklicher Verlust, alles ist im ständigen Wandel.

Etwas loslassen ist stets notwendig, um zu wachsen und sich zu entwickeln.

Die Engel verkünden:

Neue andere wichtige Erfahrungen warten auf dich.

Wisse, alles hat seinen Sinn und nun bist du aufgerufen, Altes abzuschließen und Neues zu begrüßen.

Ob du dich von Menschen trennst, dich aus Situationen befreist, krank machende Gedanken oder Emotionen gehen lässt, alte Verhaltensmuster auflöst, und vieles mehr ... du wirst eine Erleichterung erfahren und erkennen, dass nur so eine positive Zukunft gestaltet werden kann.

25. Entspanne

Entspannung tut nun Not

25. Entspanne

Egal, was die Bedingungen sind, egal ob eine Situation Stress bereitet oder du dich selbst enorm belastest, es ist von großer Hilfe, alles einmal abzustreifen und in die Stille zu gehen.

Frage dich, muss das sein, brauche ich das?

Gönne dir immer wieder Erholungsphasen, ruhige Minuten alleine nur mit dir und bitte die Engel, dich von unguten Energien zu befreien.

Nur in der Ruhe und Entspannung findest du Lösungen und ganz sicher gute Ratschläge deiner Engel.

Gehe in die Stille, selbst wenn es nur einige Minuten am Tag sind und lausche entspannt deinem Atem und versuche, an nichts zu denken.

Vielleicht haben die Engel eine Botschaft für dich in Form eines plötzlichen Gedankens oder Bildes.

26. Achte auf deine Träume

Träume erzählen dir vom Leben

26. Achte auf deine Träume

Die Engel bitten dich, in naher Zukunft besondere Aufmerksamkeit auf deine Träume zu lenken, denn derzeit ist hier die Kommunikation am leichtesten. Achte hierbei nicht nur auf den Inhalt der Träume, sondern auch darauf, was und wie du dich dabei fühlst.

Auf der unbewussten Ebene sind schon alle Antworten vorhanden, finden alle Probleme eine Lösung.

Beauftrage dein höheres Selbst, dir im Traum Botschaften zu deinen wichtigen Themen zu zeigen. Sei dabei nicht ungeduldig, wenn du nicht alles sofort verstehst.

Es bedarf ein wenig Übung, um Botschaften richtig zu deuten. Aber auch hierbei sind die Engel dir gerne behilflich.

Die Engel erscheinen dir in deinen Träumen in vielen Formen.

27. Veränderung ist immer möglich

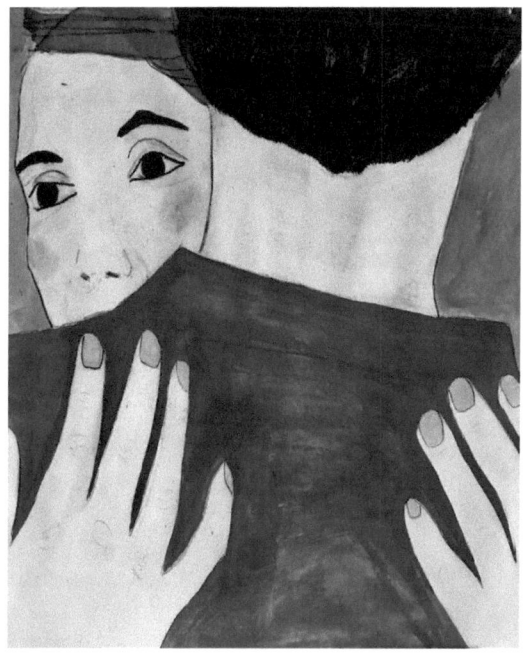

Du weißt nicht, ob es besser wird, wenn es anders wird, aber du weißt, dass es anders werden muss, wenn es besser werden soll.

27. Veränderung ist immer möglich

Wenn man mit einer Situation nicht glücklich ist, besteht immer die Möglichkeit, diese zu ändern.

Du benötigst nur Vertrauen zu dir selbst und Mut, Veränderungen vorzunehmen. Hierbei zählt nur dein Wille und nichts und niemand sollte dich aufhalten. Es ist nur die Angst, die tausend Argumente aufzählt, um dich vom glücklicheren Leben abzuhalten.

Probiere dich aus, fordere dich selbst heraus. Bleibe nicht stehen und warte auf ein Wunder. Verbessern kann sich eine Situation nur, wenn man es auch zulässt und dazu zählt oft, gewohnte Pfade zu verlassen.

Die Engel warten nur darauf, in deinem Auftrag erforderliche Änderungen zu begleiten und zu unterstützen.

Dein Schutzengel will dir deutlich machen, dass der erste Schritt von dir getan werden muss.

Denke daran, dein Wille ist Gesetz.

28. Lasse Schmerz zu

Die Engel helfen dir dabei

28. Lasse Schmerz zu

Es ist besser, den Schmerz zu durchleben, anstatt ihn zu verdrängen oder gar zu negieren. Wir reden hier von emotionalem Schmerz, der einen darauf hinweist, dass etwas in dir leidet.

Unabhängig von der Ursache ist es heilsam, ihn zuzulassen und zu durchleben, damit er sich nicht über deinen Leib in körperlichem Leiden Ausdruck verschafft.

Gebe ihm den entsprechenden Raum und die Zeit, die er braucht. Er ist Ausdruck deines verletzten Selbst und hat jedes Recht, sich zu zeigen. Aber halte nicht an ihm fest.

Stell dir vor, der Schmerz ist ein Gast und du gibst ihm Trost und Unterkunft. Bestimme deiner inneren Stimme folgend, wann er wieder seines Weges ziehen muss.

Die Engel begleiten dich und halten dich schützend in ihren Flügeln.

31. Diene dir und anderen

Diene anderen und du dienst dir.

31. Diene dir und anderen

Viele Menschen schrecken zurück, wenn sie das Wort Dienen hören. Dabei ist es die größte Ausdrucksform von Liebe.

Wer für andere Menschen da ist, ihnen hilft und für sich selbst dabei nichts erwartet, der ist reich. Er erfährt eine innere Erfüllung, die manch anderem verborgen bleibt.

Es ist gut, sich Zeit für andere zu nehmen. Du weißt, manches Mal reicht es aus, nur zuzuhören und da zu sein. Kleine Gesten können Großes bewirken.

Ein Lächeln allein kann schon Wunder wirken.

Bitte die Engel, dir Gelegenheiten zu schicke, um dein Herz sprechen zu lassen. Und vergesse nie, das, was du anderen tust, das tust du dir.

Genauso verhält es sich mit dem Dienst an dir selbst. Achte auf dich und gebe dir die Aufmerksamkeit und Liebe, die du benötigst. Nur dann hast du auch die Kraft, für andere da zu sein.

32. Greife nach den Sternen

und strahle!

32. Greife nach den Sternen

Die Sterne sind dir wohl gesonnen. Eine wunderbare Phase bricht an. Wünsche erfüllen sich, denn Positives kann nur Positives hervorbringen. Ergreife nun die Chancen, die sich dir bieten.

Traue dich, lasse Träume wahr werden. Es ist nicht die Zeit des Zögerns, sondern der Verwirklichung gekommen.

Ernte nun, was du gesät hast. Wische alle Zweifel und Ängste beiseite, glaube an dich, die Engel werden dich unterstützen und dir helfen, deiner Bestimmung entgegenzugehen.

Egal, worum es derzeit in deinem Leben geht, das Lichte erhellt deine Wege und du wirst von den Engeln geführt. Geführt in eine wunderbare Zeit des Gelingens, der Heilung, des Wohlstands und der Erfüllung.

Bleibe aber mit beiden Beinen fest auf dem Boden, hebe nicht ab und höre stets auf deine innere Stimme, damit du nicht vom richtigen Pfad abkommst.

33. Erkenne deine spirituellen Talente

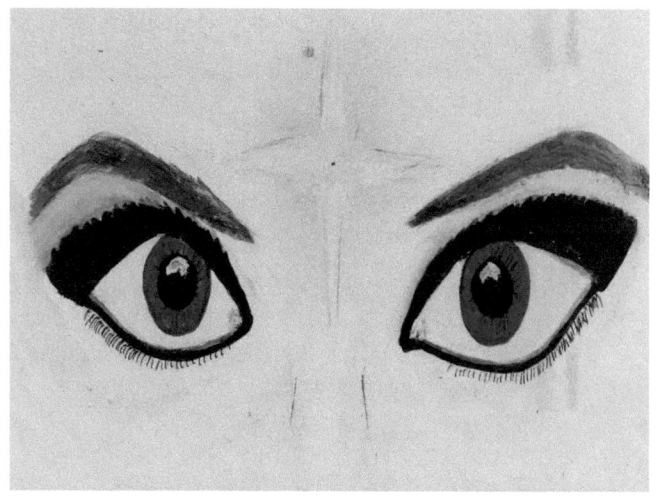

Entwickle dich weiter

33. Erkenne deinen Talente

Du hast bereits aus mehreren Leben Talente und Gaben mitgebracht, die gelebt werden wollen. Ja, deine Spiritualität erfährt eine Erweiterung. Habe keine Zweifel und Angst, beides sind nur Egoanteile, die dich klein halten wollen.

Höre auf dein Herz, denn es ist das Sprachrohr deiner Seele. Vielleicht weißt du noch nicht recht, was du zu geben hast. Die Engel sind dabei, dich zu führen. Glaube an dich, auch du hast der Welt was zu bieten. Bitte Sie bei Unsicherheiten um ihre Hilfe. Deine spirituellen Fähigkeiten sind ein wunderbares Gottes-Geschenk an dich und deine Mitmenschen. Ihre Anwendung ist ein heilsamer Entwicklungsschritt und die innere Zufriedenheit wächst. Deine Seele möchte sich zum Ausdruck bringen und entfalten.

Die Engel rufen erfreut:

Zeige, was in dir steckt und erinnere dich: du bist göttlich!

34. Verzeihe

Vergebung als Mittel der Heilung.

34. Verzeihe

Du kannst nicht wirklich dein wahres Leben leben, wenn Schuld dein Begleiter ist.

Wenn es jemand gibt, dem du Schuld zuweist, so ist nun der Moment gekommen zu verzeihen. Solltest du dich selbst schuldig fühlen, so vergib dir selbst.

Insbesondere alte Verletzungen müssen nun geheilt werden, damit du frei bist für neue Erfahrungen, nach denen du dich schon lange sehnst.

Oftmals zeigen sich seelische Verletzungen in chronischen Leiden.

Wenn es erforderlich ist, so durchlebe noch einmal die Situationen, die dich verwundet haben. Wenn nötig, suche dir hierzu Hilfe bei spirituellen Helfern.

Die Engel versprechen dir eine wunderbare Befreiung von alten Lasten. Für unseren Schöpfer gibt es keine Schuld. Er ist ganz nahe und hüllt dich in seine unendliche Liebe.

35. Zurückhaltung üben

Zurückhaltung bringt dich voran

35. Zurückhaltung

Vielleicht wundert es dich, wenn der Rat an dich ergeht, dich zurückzuhalten. Dies ist es aber, was die Situation von dir fordert.

Es wäre nicht von Vorteil, voranzupreschen. Auch wenn du gute Absichten hast. Manches Mal ist es von Bedeutung, zu warten.

Du brauchst dich auch nicht gleich anbieten, sondern lasse dich bitten. Du kannst und sollst anderen nicht alles aus der Hand nehmen.

Die Gründe deines bisherigen Verhaltens solltest du hinterfragen. Haben deine Hilfsbereitschaft etwas mit deinem Selbstwert zu tun? Fühlst du dich manches Mal als Opfer? Falls du dies mit Ja beantworten kannst, dann nimm dir Zeit zum reflektieren.

Die Engel erinnern dich daran, dass du letztendlich für dein Tun die alleinige Verantwortung trägst.

36. Suche Kontakt

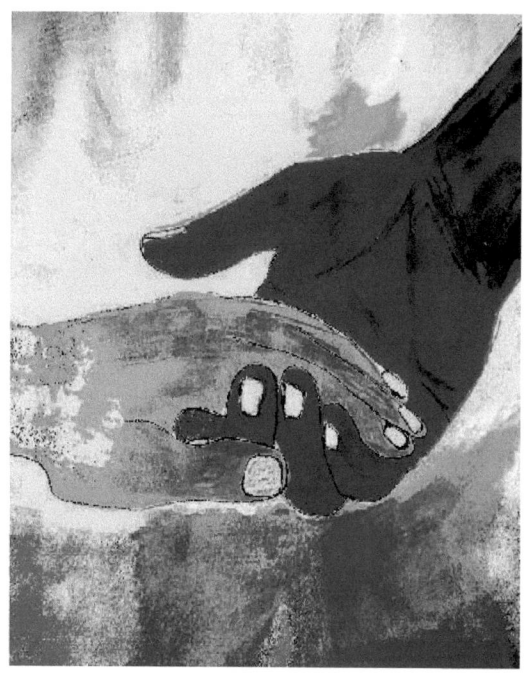

..und du lernst dich selbst besser kennen.

36. Suche Kontakt

Es wäre sehr gut für dich, mehr in den Kontakt zu gehen. Für deine Entwicklung ist das Erleben im Kontakt mit anderen nun wichtig.

Erkenne dich selbst durch den Spiegel deines Gegenübers.

Im Erfahrungsaustausch mit anderen Menschen findest du dein Seelenheil und dein Seelenwachstum.

Du lernst und lehrst gleichzeitig.

Scheue dich nicht, ganz neue Verbindungen einzugehen, denn sie könnten wichtige Wegbegleiter für deine Zielsetzungen sein.

Ob du einer Gemeinschaft beitrittst, Seminare besuchst, Freunde und Partner einlädst, alles trägt dazu bei, dass du dich mehr öffnest.

So erfährst du viel über dich und deine Muster, deren Einfluss stark ist und dein Selbst beeinträchtigen.

37. Lebe dein Leben

Die Engel bestärken dich in

deinem Sein

37. Lebe dein Leben

Hier liegt die Betonung auf DEIN Leben. Es ist an dir, deine wahres ICH immer mehr wachzurütteln.

Verstecke dich nicht, zeige wer du bist.

Du bist in Ordnung so wie du bist. Lasse dich durch nichts und niemand beirren, deinen Weg zu gehen. Du entscheidest, was für dich und dein Leben wichtig und richtig ist.

Lasse deine Seele raus aus deinen Ego-Ängsten und Zwängen.

Selbstverwirklichung ist nur möglich, wenn du auch nach außen der bist, der du bist. Die Engel sind stets an deiner Seite, du bist nie allein und sie versprechen dir, sie werden alles tun, um dich zu führen. Zeige der Welt, wer du bist und sei wahrhaftig in deinem Tun.

Das ist, was Gott für dich vorgesehen hat.

Dein Wille geschehe!

38. Sage nicht ja, wenn du nein meinst

Du verlierst durch ein mutiges ehrliches „Nein" nichts von deiner Herzensgüte.

38. Sage nicht ja sagen, wenn du nein meinst

Sei ehrlich zu dir selbst und ehrlich anderen gegenüber.

Das kleine Wort „nein" ist leider allzu oft negativ belegt. Dabei drückt es nur aus, was man nicht möchte und was man für richtig hält.

Dein Bedürfnis nach Sicherheit, Anerkennung, dazu zu gehören, niemand verletzen zu wollen, nicht als faul, egozentrisch und herzlos zu gelten und vieles mehr verleitet dazu, dich selbst zu verleugnen. Lasse das nicht zu.

Du hast dein Herz auf dem rechten Fleck und solltest dich genauso ehren und lieben wie deine Nächsten.

Du sagst ja, wenn du damit voll und ganz im Einen bist und nein, wenn du damit im Reinen bist. Nimm keine Rücksicht aus falschen Gründen.

Die Engel animieren dich, immer authentischer durchs Leben zu gehen.

41. Werde aktiv

Die Engel rufen dir zu:

Mache dich auf!

41. Werde aktiv

Gedanken sind genug gedacht, jetzt beginne diese auch umzusetzen.

Lasse deine Bedenken beiseite, sie halten dich nur ab, um das zu erreichen, was du begehrst.

Sei ganz bei dir und lasse dich von den Engeln inspirieren, dein wahres Selbst zum Ausdruck zu bringen.

Die Engel warten auf deine Anweisungen und versorgen dich mit hohen positiven Schwingungen. Sie werden alles daran setzen, dass du mit Ausdauer und Kraft alles angehen kannst.

Leidenschaft und Begeisterung, Elan und Zielbewusstsein sollten deine Wegbegleiter sein.

Bei aller Aktion achte auf alles, was deinen Weg kreuzt und denke daran, es gibt keine Zufälle.

Oft übersieht man in Eile die Dinge, die mithelfen, die richtigen Schritte zu begehen.

42. Schütze dich

Ein Garant für ein glückliches Leben
sind deine positiven Energien.

42. Schütze dich

Positive Energien entstehen in erster Linie durch einen positiv denkenden Geist und einem liebenden Herzen.

Da du sehr sensitiv veranlagt bist und sich dies in Zukunft noch verstärken wird, solltest du deine Engel bitten, dich vermehrt in schützendes weißes Licht zu hüllen.

So vermeidest du, die negativen Energien anderer Menschen aufzunehmen. Diese verunreinigen deine Aura und du fühlst dich ohne ersichtlichen Grund müde und ausgelaugt.

Es gibt Menschen, die deine lichte Energie anzapfen. Dies geschieht aber in den wenigsten Fällen von ihnen bewusst.

Ein wenig von deiner positiven Energie abzugeben kann auf bewusstem Wege ein erfüllendes Leben bedeuten.

Achte darauf, genügend Energie für dich selbst zu behalten.

43. Lache

Lachen ist die Sprache der Engel

43. Lache

In deinem Leben kommt das Lachen zu kurz.

Es fehlt dir gewiss nicht an Humor, aber es fehlt dir die Ausgelassenheit eines Kindes. Versuche doch einmal, die Dinge mit Leichtigkeit zu betrachten.

Schärfe deine Wahrnehmung für alles, was dir Lockerheit und Spaß bereitet. Suche die Ortschaften und Menschen auf, die dir ein ungezwungenes, freies und heiteres Gefühl bereiten.

Nimm dir vor, in den nächsten Tagen viel zu lachen. Bitte die Engel darum, dich dabei zu unterstützen. Du wirst erstaunt sein, wie viele Gelegenheiten es plötzlich hierzu gibt ... und du wirst erkennen, wie gut dir das Lachen tut.

Und wisse, die Engel lachen mit, denn sie lieben es zu lachen. Eines der größten Freuden für Gott und seine Engel sind deine Freuden. Freude bringt Glück und Liebe, sie ist eine der stärksten positiven Energien im Universum.

44. Berufung

Jeder Mensch hat einen Ruf, dem er
folgen sollte

44. Berufung

Häufig ist dieser Ruf im Beruf zu finden. Hier kann man gut seine Begabungen und Talente der Welt zur Verfügung stellen. Wer seine Berufswahl nach seinem Seelenruf auswählt, findet für sich Zufriedenheit und von anderen Anerkennung.

Wenn du an deiner Berufswahl zweifelst, unzufrieden bist und das Gefühl hast, es fehlt etwas in deinem Leben, so solltest du dich ernsthaft fragen, was du lieber machen würdest. Wo liegen deine wirklichen Interessen? Was hast du der Welt zu bieten? Alle Menschen tragen dieses Wissen in sich, haben es aber durch andere und dem eigenen Ego nicht realisiert. Vielleicht ist jetzt die richtige Zeit, einen Berufswechsel vorzunehmen, es sei denn, die Änderungen sind in einem anderen Bereich vorzunehmen.

Bitte die Engel, dir dabei zu helfen. Sie werden dir Menschen und Umstände schicken, die dir einen neuen Weg weisen. Auch für den Weg in die Selbständigkeit ist nun eine gute Zeit.

45. Fordere nichts

Forderung entsteht aus Erwartungen

45. Fordere nichts

Wer fordert, zeigt seine eigene Bedürftigkeit.

Auf lange Sicht gesehen, kannst du nicht zufrieden sein, solange du glaubst, dass andere deine Bedürfnisse stillen müssen. Umso mehr du in die Erwartungshaltung gehst, umso enttäuschter wirst du dich fühlen.

Du findest dein Seelenheil nicht in anderen und deren Verhalten dir gegenüber.

Wahre Zufriedenheit erwächst aus dir selbst. Mit Forderungen entfernst du dich immer mehr von anderen.

Überlege, was du wirklich brauchst. Vielleicht kompensierst du dein Selbstwertgefühl durch deine Erwartungen oder es fehlt an Geborgenheit und Sicherheit.

Die Engel erinnern dich daran, dass du ein wertvolles Kind Gottes bist.

Erwarte nichts und du wirst reichlich bekommen.

46. Anziehung wirkt

Es gibt etwas, das du dir ersehnst

46. Anziehung wirkt

Die Engel möchten dich beruhigen und dir sagen:

Alles braucht seine Zeit.

Das Gesetz der Anziehung hat seine eigenen Regeln. Mal geht es schnell, mal geht es langsam, bis das Ersehnte ins Leben tritt.

Beschleunigen kannst du es nur, indem du festen Glaubens bist und die Verwirklichung dem Universum überlässt. Du solltest keine Zweifel aufkommen lassen. Sonst wird die Anziehung gestört.

Es gibt 2 Möglichkeiten, das Gesetz der Anziehung ungestört seine Arbeit tun zu lassen:

1. Denke nicht mehr darüber nach, lasse los im Vertrauen, zur richtigen Zeit kommt die Erfüllung.

2. Du stellst dir immer wieder bildhaft deinen Wunsch vor mit allen positiven Emotionen, so als ob der Wunsch schon in Erfüllung gegangen wäre.

47. Sei demütig

Demütig sein ist für das Wunder
des Lebens dankbar zu sein.

47. Sei demütig

Du bist ein einzigartiger Seelenanteil von Allem-Was-Ist.

Ein Kind Gottes unter vielen Kindern Gottes. Und so stehst du an gleicher Stelle wie jeder andere Mensch im Hier und Drüben. Und auch, wenn es manches Mal schwer fällt zu verstehen, Gott liebt alle gleich.

Egal wer du bist oder was du tust. Die letzten werden die ersten sein. Denke immer daran, dankbar zu sein.

Stolz auf Erreichtes ist menschlich, tut gut und wenn das Herz und Seele damit im Einklang sind, steht dem glücklich sein nichts im Weg. Aber hüte dich davor, andere oder dich selbst zu verurteilen und zu bewerten.

Die Engel möchten, dass Demut dein Leben begleitet, denn den Demütigen gehört das Himmelreich und dort ist ein Platz für dich reserviert.

48. Grenze dich ab

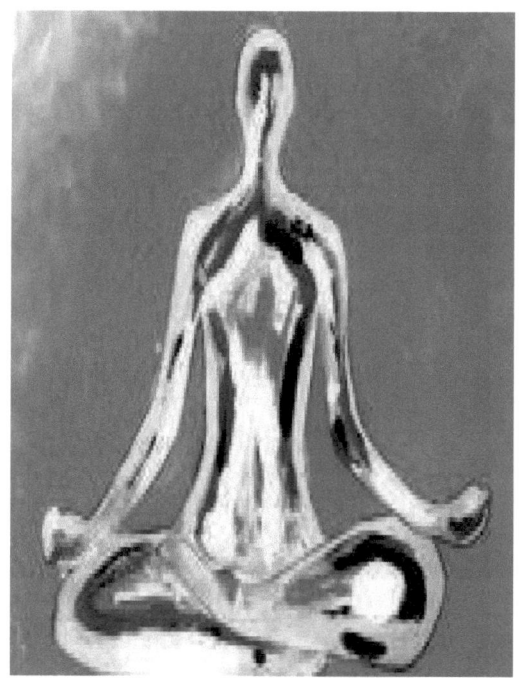

Die Engel schicken dir Herausforderungen, damit du lernst, gut für dich zu sorgen.

48. Grenze dich ab

Es gibt immer wieder Situationen und Lebensumstände, die einem im wahrsten Sinne des Wortes „unter die Haut" gehen. Aber es ist in der nächsten Zeit für dich angezeigt, dass du lernst, dich mehr abzugrenzen.

Der Schmerz und das Leid eines anderen ist nicht dein Schmerz und Leid. Du darfst die Emotionen anderer nicht so sehr an dich heranlassen und vor allen Dingen mußt du aufpassen, dass diese Gefühle nicht zu deinen werden.

Mitfühlen, nachempfinden und dadurch verstehen sind Eigenschaften, die anderen helfen können, aber mit Mitleiden dienst du keinem und am wenigsten dir selbst. Das Gegenteil tritt ein, du schadest dir, denn „leiden" ist begleitet von negativer Energie, die einem Kraft raubt und in doppelter Ausführung sich noch verstärkt. Das Gesetz der Anziehung wirkt auch hier und von daher solltest du dich bemühen, ganz deutliche Grenzen zu ziehen zwischen dir und deinem Gegenüber.

51. Engagiere dich

Die Engel kennen deinen Seelenauftrag

51. Engagiere dich

Vielleicht hält dich irgendwas davon ab, einen einmal eingeschlagenen Weg bis in allerletzter Konsequenz zu Ende zu gehen. Lasse dich nicht ablenken, in dir Zweifel säen und dich verunsichern ... vor allem nicht von dir selbst.

Lasse deinen Ideen und Vorstellungen freien Lauf und gehe dann in die Tat.

Die Engel meinen, du solltest dich nun für ein Sache voll und ganz entscheiden und dich dafür engagieren.

Gesammelte Energie, die nicht durch neue Ideen zersplittert wird, kann sehr effektiv eingesetzt werden und gute Resultate hervorbringen. Bleib auf den einmal eingeschlagenen Weg. Dies wird dir ein Erfolgserlebnis bereiten, ohne dass du Angst haben mußt, dich einschränken zu müssen.

Dies bezieht sich auf eine bestimmte Zeitqualität.

52. Karmische Zeiten

Karma spielt in in naher Zukunft
eine wichtige Rolle

52. Karmische Zeiten

Unter den Engeln sind viele Karmaengel, die dir helfen, zur richtigen Zeit am richtigen Ort zu sein. Sie sorgen dafür, die entsprechenden Treffen, Begebenheiten und Geschehnisse zu arrangieren, an denen du karmische Verabredungen und Vorhaben umsetzen darfst.

Es werden Möglichkeiten geschaffen, um Karma abzubauen - nicht nur für dich, sondern hier liegt auch Karma-Abbau für andere vor. Eine für deine Seele sehr heilsame Zeit bricht an.

Gut denkbar, dass du Momente der Erkenntnis und des Erinnerns bekommst.

Die Engel raten dir, in nächster Zeit genauestens hinzusehen, hinzuhören und der inneren Stimme zu lauschen und vergiß nicht, du siehst am besten ohne deine Augen.

Vertraue auf dein Herz, es irrt nicht und hilft dir immer, das Richtige zu tun.

53. Anderswelt

Sei Kanal, wenn du magst

53. Anderswelt

Wir sind alle mit Allem verbunden. Aber ein jeder auf seine Art. Bei dir ist der Seelenanteil in der Anderswelt etwas größer als beim Durchschnitt oder deine Medialität erfährt nun eine Ausweitung.

Aus diesem Grunde kannst du mit dem Jenseits in Kontakt gehen. Es gibt dort viele Wesenheiten, die mit dir kommunizieren.

Inwieweit du sie wahrnimmst, liegt an dir und deinem Willen. Du kannst jederzeit selbst bestimmen, ob du den Kanal weiter öffnest oder wieder verschließt.

Es gibt auch geistige Wesen aus deiner eigenen Familie, die an deinem Leben teilhaben und dich sehr lieben. Sehr wahrscheinlich weißt du tief in dir drin, wer deine besondere Aufmerksamkeit wünscht.

Die Engel sagen, du hast dir die Möglichkeit des Kontaktes mit der Anderswelt für dieses Leben gewünscht.

54. Angst hält dich fest

Angst stoppt deine Lebendigkeit

54. Angst hält dich fest

Wenn du dich von deiner Angst bestimmen lässt, dann ist ein freies und glückliches Leben nicht wirklich möglich.

Die Engel bitten dich inständig, mehr Vertrauen zu ihnen und zu Gott zu haben.

Traue dir mehr zu, gehe Risiken ein, suche ruhig mal das Abenteuer. Wahre Sicherheiten findest du weder im Materiellen noch bei anderen.

Lasse dich nicht von deinen Träumen abhalten, indem dir die Angst souffliert, es seien nur Träume. Das ganze Leben ist ein Traum, in dem alles möglich ist für den, der der Angst die Stirn bietet.

Gott nimmt dich an die Hand, gehe auf deinem gewählten Weg und du wirst sehen, wie die Angst immer mehr verblasst.

Glück ist, die Liebe zu leben und die Angst hinter sich zu lassen.

55. Erde dich

**Die Engel raten dir zu seelischer
und körperlicher Ausgeglichenheit**

55. Erde dich

Nun bricht für dich eine Zeit an, in der du sehr vielen Einflüssen von außen und innen ausgesetzt sein wirst. Wichtig hierbei ist, dass du dabei immer im Hier und Jetzt verankert bleibst.

Diese Zeitqualität ist sehr wichtg für dein Seelenwachstum und deshalb solltest du jetzt sehr aufmerksam durchs Leben gehen.

Die Dinge, die besonderer Aufmerksamkeit bedürfen, musst du aus einer Vielzahl von anderen herausfiltern lernen.

Manches Mal sind es die kleinen Sachen, die von größerer Bedeutung sind, als es den Anschein hat.

Die Engel fordern dich auf:

Lerne die Zwischentöne zu erkennen, die das Leben auf ihre ganze eigene Art bereichern, ohne dich in deiner Sensitivität zu verlieren.

56. Sei mutig

Der Moment liegt im Jetzt

56. Sei mutig

Es geht hier nicht um wirkliche Angst, die dich abhält, dein wirkliches wahres Sein zu offenbaren. Nein, es fehlt dir nur der eine wichtige Moment der Entscheidung, der alles auslösen könnte.

Die Engel wissen, was alles noch in dir steckt. Sie möchten, dass du deinen Vorstellungen und Träumen mehr Raum gibst und erkennst, ein kleiner Schritt heraus kann ihnen Leben einhauchen.

Frage dich, was so manche Leere in deinem Inneren füllen könnte. Oder weißt du das schon längst?

Hör auf zu denken, „irgendwann mal, vielleicht .., ich kann das sowieso nicht" usw. Das Leben, der Alltag, die Verpflichtungen, nichts sollte verhindern, dass deine Seele ihren freudigsten Ausdruck zurückhält.

Die Engel versprechen:

Tiefe Zufriedenheit wird dich begleiten, wenn du dein wahres Selbst erblühen lässt.

57. Entscheide dich

Ohne Entscheidung kein Fortschritt

57. Entscheide dich

Sobald man sich für etwas entscheidet, entscheidet man sich auch gegen etwas anderes. Du lernst recht schnell im Leben, dass du nicht alles haben kann.

Wenn du dir stets alle Möglichkeiten offen hälst, steht du am Ende alleine da oder schwimmst in einem Meer von Möglichkeiten hin und her und kommst nie irgendwo an. Du erschöpfst dich anstatt zu bekommen, was du dir doch von tiefsten Herzen wünschst.

Zögere also Entscheidungen nicht zu sehr hinaus, denn Zweifel, Angst und Sorgen machen krank und du lässt letztendlich andere über dein Leben bestimmen und nennst es dann fälschlicherweise Schicksal.

Die Engel sagen:

Treibe nicht durchs Leben, sondern bestimme selbst, wo es hingeht. Höre auf deine weise erste Stimme in dir und lasse diese nicht von der Egostimme übertönen.

58. Tausche die Rollen

Die Engel sagen, erkenne dich im anderen.

58. Tausche die Rollen

Die effektivste Möglichkeit, den Standpunkt eines anderen Menschen zu verstehen ist es, sich in ihn hineinzuversetzen.

Daher ist es eine sehr gute Methode zu erkennen, was in einem anderen vorgeht, wenn du einfach einmal die Rollen tauschst.

Stelle dir also vor, du seist die andere Person und vertritt nun deren Standpunkte. Versuche dich einzufühlen und nenne alle Argumente, die ihre Meinung widerspiegeln könnte.

Vielleicht erkennst du dadurch, wie man sich annähern kann, ohne Verletzungen und Streit.

Wunderbar wäre diese Übung, wenn man sie zusammen durchführen würde.

Wichtig ist dabei, dass man sich total auf den Rollentausch einlässt und ehrlich sich selbst und dem anderen gegenüber ist.

61. Es gehört zu deinem Weg

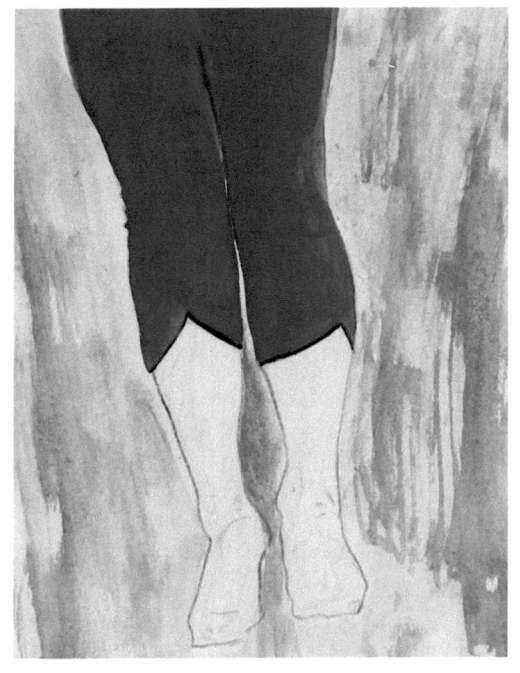

Heiße willkommen, was dich weiterbringt

61. Es gehört zu deinem Weg

Was auch immer jetzt in deinem Leben eine größere Rolle spielt, es gehört zu deinem Weg.

Du bist daher aufgerufen, genau hinzusehen und falls Entscheidungen anstehen, diese immer mit bestem Gewissen zu fällen. Das heißt nichts anderes, als intuitiv die Dinge anzugehen. Vermeide Handlungen, die nur auf angeblich „vernünftigen" Überlegungen basieren.

Die Engel meinen:

Es ist nun wichtig, dass Geist, Herz- und Bauchgefühl im Einklang sind. Beeinflussungen von außen müssen erkannt werden und sollten keine Relevanz haben. Verlasse dich ganz auf dich selbst, denn deine Seele weiß genau, was sie aus der gegebenen Situation lernen möchte und was zu tun ist.

Und wisse, wenn du im Dunkeln irrst, reicht dein Schutzengel dir seine Hand und führt dich ins Licht.

62. Siehe das Unsichtbare

Wenn du nachts zum Himmel
schaust und keine Sterne siehst, so
sind sie doch da!

62. Siehe das Unsichtbare

Du erfährst deine Welt durch deine Einstellung zum Leben. Du neigst im Moment sehr dazu, nur das wahrzunehmen, was du in der jeweiligen Situation sehen willst.

Es wäre eine große Bereicherung für deine momentanen Stimmungen und Launen, würdest du dich bemühen, die unsichtbaren Dinge zu erahnen, zu erkennen und zu sehen.

Wenn du etwas vermisst dann denke daran, dass es ja vielleicht nur eine Frage der Zeit oder des Ortes ist, wann, wie, wo und ob es überhaupt wichtig für dein Leben ist.

Das Leben gestaltet sich um ein Vielfaches leichter, wenn du die jeweiligen Umstände annimmst wie sie sind in dem Wissen, dass sich alles wandelt und doch nichts wirklich verloren geht.

Die Engel wünschen dir für die Zukunft eine offenere und positivere Einstellung.

63. Nimm und gib reichlich

Gib und du wirst reichlich erhalten

63. Nimm und gib reichlich

Nimm die Sorgen und Ängste bezüglich deiner Situation unter die Lupe und erkenne, dass sie die Ursache für Mangel sind. Nimm dieses Mangeldenken und verabschiede dich bewusst von ihm. Übergebe deine Sorgen den Engeln und bitte sie um ihre Führung. Überlasse dich deinem Vertrauen zu Gott, damit du die Vorschläge und Botschaften der geistigen Welt empfangen und umsetzen kannst. Bleib im Zustand des Wissens, dass immer für dich gesorgt wird. Umso größer deine Bereitschaft, voll und ganz auf die Engel zu vertrauen, umso schneller können sie z.B. deine finanzielle Lage heilen. Ganz egal welcher Art der Mangel ist, ob materiell oder seelisch, dein Denken hat ihn ins Leben gerufen. Nicht umsonst heißt es „die Armen werden ärmer, die Reichen immer reicher". Solange deine Sorgen und Ängste als Chefs in deinem Leben fungieren, solange bleiben die Probleme nicht nur bestehen, sondern vermehren sich.

Die Engel erinnern: Sei sorgenfrei und denke dich reich und du ziehst Fülle an. So ist das Gesetz.

64. Sei frei und bleib dir treu

Erkenne deine Masken und

lege sie ab

64. Sei frei und bleib dir treu

Du neigst dazu, dich zu sehr anzupassen und verlierst daher den Bezug zu dir selbst? Bleibe bei dir und verbiege dich nicht mehr, aus Angst nicht anerkannt zu werden.

Du verbirgst dein wahres Ich, spielst Rollen mit verschiedenen Masken. Das funktioniert eine Weile, aber zu welchem Preis? Dies ist der falsche Weg, ein Weg, der ins Gefängnis deines wahren Selbst führt. Lasse das nicht mehr zu.

Sei mutig und stehe dazu, nicht den Anforderungen und Vorstellungen anderer zu entsprechen.

Wahre Anerkennung und Liebe misst sich nicht in „wie etwas zu sein hat". Dies entspringt falschen und z.T. krankhaften Erfahrungen anderer und deines Egos.

Die Engel sagen:

Du bist nicht auf der Welt, um so zu sein, wie andere dich haben wollen.

Lebe dein Leben und zwar „jetzt"!

65. Der schöne Schein

Lasse deine Seele scheinen

65. Der schöne Schein

Menschen unterliegen großer Beeinflussung von außen. Der schöne Schein ist für viele so wichtig, dass sie vergessen, die wahre Erfüllung im Herzen zu finden. Und obwohl ein jeder dies weiß, versucht er doch in äußeren Werten sein Glück zu suchen.

Die Engel raten dir, lasse dich nicht blenden, nicht verunsichern, nicht verführen zu Dingen, die angeblich wichtig und erstrebenswert sind.

Vergleiche nicht, beurteile und bewerte nicht und lasse deine innere Schönheit nach außen treten. Genieße die äußerlichen Annehmlichkeiten und erkenne sie auch als solche.

Du weißt, egal wie schön auch das Gewand ist, scheinen kann nur deine Seele, die sich durch Liebe und Freude erleben darf.

Verneige dich vor der Schönheit des Unsichtbaren in Demut.

66. Trau dich

Ein „Nein" hast du, ein „Ja" kannst du erhalten

66. Trau dich

Ist es nicht traurig, dass wir uns nicht wagen zu fragen, vor lauter Angst ein Nein zu erhalten? Warum? Falscher Stolz?

Frag dich mal, wieso du auf so vieles verzichtest? Glaubst du wirklich, das Leben bietet alles nur ganz bestimmten Menschen? Oder ist es eher so, dass du verzichtest für andere? Letzteres macht auf Dauer nicht sehr glücklich. Vielleicht fehlt es aber an Selbstvertrauen und Zivilcourage.

Die Engel möchten, dass du dir ganz bewusst einmal Gedanken darüber machst, was du alles gerne machen würdest und dir bislang selbst verweigert hast.

Dein Schutzengel weiß, dass die Zeit gekommen ist, in Anspruch zu nehmen, was deine Seele ersehnt.

Sei mutig und gestehe dir ein, dass es keine wirklichen Gründe gibt, um im Nein zu verweilen.

Die Vernunft ist nicht immer der beste Ratgeber, das Herz aber schon.

67. Sei ohne Sorge

Sorg dich nicht, sondern lebe

67. Sei ohne Sorge

Wer sich zu viele Sorgen macht darüber, was alles sein kann, der vereitelt eine freudige Gegenwart.

Du beeinflusst dadurch auch deine Zukunft, da sie durch sorgenvolle und negativ belegte Gedanken das herbeirufen, was du eigentlich vermeiden willst. Sorgen haben eine starke Anziehungskraft.

Die Engel bitten dich deshalb darum, mehr auf deine sorgenreichen Gedanken zu achten. Versuche, diese gleich mit positiven Gedanken zu ersetzen.

Du bist derjenige, der erfolgreiches Gelingen durch unnötig viele Bedenken verhindern kann. Höre auf, dir irgendwelche Szenarien auszudenken, die dir soviel Unbeschwertheit nehmen.

Wenn du deiner inneren Stimme folgst und nicht deinem ängstlichen Ego, dann sei sicher, dass sich nur das ereignet, was sich ereignen soll und du bestimmst, was das ist.

So will es das himmlische Gesetz.

68. Erfolg

**Deine Aufgabe ist es, Gotteskraft
zum Einsatz zu bringen**

68. Erfolg

Aus göttlicher Kraft heraus etwas machen, die Seele kreativ sein lassen. Diese Kraft gibt dir nicht nur Ideen, sondern auch den Mut, sie zu verwirklichen.

Eine zündende Idee, ein neues Konzept ist zu erarbeiten oder eine Entscheidung ist zu treffen und du sollst dir dabei bewusst werden, dass dir göttliche Kraft geschenkt wird, dies zu tun. Und letztendlich ist es Gott, der alle deine Wünsche erfüllt.

Etwas riskieren, etwas ausprobieren ist der Ursprung, um zu etwas Höherem zu gelangen. Es ist der Beginn, etwas Positives entstehen zu lassen.

Wende dein Leben vom Geringeren zum Höheren, vom Schlechteren zum Besseren. Tatkraft und Handeln sind die Mittel zur Wende.

Kann der Erfolg ausbleiben, wenn du diese Kraft Gottes auslebst? Ein Vorhaben braucht nur begonnen zu werden, es ist immer eine passende Möglichkeit vorhanden.

71. Menschenfreund

Erfolg in Verbindung mit anderen Menschen

71. Menschenfreund

Einfühlungsvermögen, das Erfassen und Einschätzen von Problemen und Zuständen als auch eine gute Intuition verleihen eine hervorragende Menschenkenntnis.

Dies alles gibt eine gute Vorstellungskraft und lässt Bilder in sozialer Hinsicht entstehen. Gerechtigkeitssinn, Ehrlichkeit und Edelmut geben eine gute Unterscheidungsfähigkeit für das Gute und das Falsche.

Die Engel kennen deine seelischen Talente und verkünden dir, diese nun vermehrt einsetzen zu können. Sie schicken dir Begegnungen, die deine besten Seiten zum Vorschein bringen werden.

Du wächst mit jedem von den Engel geschickten Auftrag. Wenn du jemanden tröstest, wirkst du heilend auf diesen Menschen ein und versetzt ihn in einen besseren Zustand.

Es gilt bei allem heilsam mit sich und anderen umzugehen.

72. Unabhängigkeit

Erkenne deine Fesseln und löse sie

72. Unabhängigkeit

Frei bist du, wenn du unabhängig bist von den Beeinflussungen anderer. Dies bedeutet selbstbestimmt zu denken, zu fühlen und zu handeln.

Auch Besitz braucht man nur, um die Angst vor Verlust zu kompensieren. Wer sich noch an äußerem Besitz festhalten muss, ruht noch nicht in sich. Schaue einmal bei dir genau hin, wo deine Abhängigkeiten sind und überlege, was die Ursachen hierfür sind.

Die Engel weisen dich darauf hin, dass es an der Zeit ist, sich diese Abhängigkeiten bewusst zu machen.

Es gibt nur zwei verschiedene Arten von Entscheidungen und zwar die, die auf Angst beruhen und die, die auf Liebe beruhen. Alle vergangenen Entscheidungen aus Angst benötigen nun deine Aufmerksamkeit. Versuche dich freizuschwimmen von deinen Ängsten, die dir nur falsche Sicherheiten vorgaukeln. Vor dir liegt das Glück des freien Seins.

Dorthin gelangen kannst du nur allein.

73. Neue Möglichkeiten

Neue Wege führen zum Ziel

73. Neue Möglichkeiten

Etwas, was dich bisher abgehalten hat, ist dabei, von dir abzufallen. Du kannst einen Stein aus deinem Weg ausräumen und du wirst dadurch neue Wege, neue Klarheit und neuen Antrieb erhalten. Dies bedeutet, dass z.B. Stress, Sorgen, Belastungen und Probleme allesamt von dir abfallen können.

Wenn du dir selbst Freiheit schenkst, zeigt sich dadurch deine Liebe zu dir selbst.

Wenn du anderen Freiheit gewährst, zeigt dies, wie sehr du sie liebst.

Neue Möglichkeiten erkennen, ermöglicht Glücklichsein und Glück nimmt niemanden gefangen.

Dies ist wahrhaft eine Zeit zur freien Entfaltung deines Selbst und Erkennen deiner tiefsten Bedürfnisse und Wünsche. Lasse dich motivieren von der Vielfalt des Lebens mit all seinen Möglichkeiten. Du hast aus dir selbst heraus gegeben und nun kommt das Geschenk der Engel zu dir.

74. Lege deine Ziele fest

Weißt du, was du willst?

74. Lege deine Ziele fest

Weißt du, was du willst? Diese Frage solltest du dir gewissenhaft stellen.

Nur, wenn du dir deiner Wünsche, Vorstellungen und Ziele wirklich sicher bist, können sie in dein Leben treten. Manifestation beginnt innen, nicht außen. Du ersparst dir so manche Überraschung, unliebsame Schicksalswendungen.

Es ist wenig beglückend, zwar irgendwo, irgendwie und irgendwann Dies und Jenes anzustreben oder umzusetzen, haben zu wollen usw., es dabei aber immer wieder in der Vorstellung zu verändern.

Bedenke, deine Gedanken bestimmen deine Realität und dein Herz ist dein bester Ratgeber. Es weiß ganz sicher, was du brauchst. Werde was du wünschst.

Die Engel raten:

Höre auf dein Herz und richte deine Gedanken nach ihm aus.

75. Sei freimütig

Lebe dich aus

75. Sei freimütig

Authentizität bedeutet nichts anderes als der zu sein, der man ist und sich auch nach außen so zu zeigen.

Die Engel rufen dich auf, sei freimütig und sage, was dir auf dem Herzen liegt.

Sei freimütig und sage deine Meinung, auch wenn sie nicht opportun ist.

Sei freimütig und sage, was zu sagen dir wichtig ist.

Es ist eine wundervolle Eigenschaft, wenn du dich frei von Zwängen und Konventionen durch Leben bewegst.

Die Menschen werden dich so lieben und annehmen, wie du bist: Eine eigenständige Persönlichkeit, die sich nicht scheut das auszusprechen, was andere nur unter vorgehaltener Hand flüstern. Du lernst immer mehr, die richtigen Worte zu finden, dich von der Masse abzuheben, ohne dabei verletzend oder anmaßend zu sein.

76. Liebe dich

Die Engel lieben dich

76. Liebe dich

Du bist aufgerufen, dich selbst so zu behandeln, wie du von anderen behandelt werden möchtest.

Die Liebe zeigt sich immer dort, wo sie gelebt und gefühlt wird.

Lege ab jedwede Anspruchshaltung an dich und somit auch an andere. Betrachte dich mit den Augen Gottes und du erkennst, wie liebenswert du bist.

Sei gut zu dir und liebe dich aus vollem Herzen, denn du bist ein Gottes Kind. Du bist der Mensch, der du in diesem Leben sein möchtest. Und deine Liebe zu dir bestimmt die Liebe, die du dir von Außen ersehnst.

Sie kommt genau in dem Gewand zu dir, das zu dir passt. Umso mehr du dich annimmst und liebst, umso prächtiger ist es.

Die Engel senden dir Licht, das dich erhellen und erinnern soll, wieviel Liebe in dir ist, die gelebt werden will.

77. Gemeinschaft

Du bist Teil von Allem-was-ist

77. Gemeinschaft

Gemeinschaft wird in näherer Zeit von größerer Wichtigkeit in deinem Leben sein. Ob du dich einer Gruppe von Gleichgesinnten anschließt, die Familie deine Aufmerksamkeit vermehrt benötigt, oder ob du gar eine neue partnerschaftliche Verbindung eingehst, privat oder geschäftlich, der Tenor bleibt der gleiche.

Du kannst nun Erfahrungen sammeln, die alleine nicht möglich wären. Du bist aufgefordert, offen und vorurteilslos dich anderen gegenüber mehr zu öffnen.

Lerne, zu erkennen wie verbindlich du in Verbindungen bist. Nie erfährt man mehr über sich als in einer Gemeinschaft. Du erinnerst dich an ein Gemeinschaftsgefühl vor dieser Zeit.

Umso mehr du dich integrierst als Teil eines Ganzen, ohne dich selbst dabei zu verlieren, umso intensiver wird die Identifizierung mit Allem-was-ist.

Erst mit anderen lebst du Spiritualität aus, die du in der Stille gesammelt hast.

78. Sanftmut

Sanftmut ist eine Stärke

78. Sanftmut

Sanftmütig sein heißt, sich selbst nicht zu wichtig zu nehmen, nicht aggressiv zu sein, nicht zu hassen, zu streiten und um sich zu schlagen, weil man sich persönlich beleidigt, gekränkt oder angegriffen fühlt.

Aber häufig wird „sanftmütig" mit „schwach" verwechselt. Das ist bedauerlich, denn Sanftmut erfordert Stärke! Hinter ihr versteckt sich Rücksichtnahme, Selbstbeherrschung, Güte und nicht zuletzt Liebe.

Eine bedachte, einfühlende und verständnisvolle Antwort lässt Wut und Uneinigkeiten überwinden, während harte aggressive Worte nur negative Reaktionen hervorbringen.

Zeige deine Stärke als eine in sich ruhende, gefestigte Person, die zuerst nachdenkt und dann auf eine Art und Weise reagiert, die der anderen Person hilft.

Die Engel erinnern: Jesus sagte „Selig sind die Sanftmütigen".

81. Das rechte Maß

Kein Zuviel oder Zuwenig macht

dich froh

81. Das rechte Maß

Ungleichgewicht bei dem, das wir denken, fühlen oder tun, Exzesse aller Art, sind immer von Übel und bringen früher oder später massive Probleme mit sich. Wenn das rechte Maß fehlt, läuft es „nicht richtig rund". Das gilt auch für das Geben und Nehmen. Aus dem Motiv, anderen helfen zu wollen, kann ein Helfersyndrom werden. Aus dem exzessiven Arbeiten können ein Burnout oder körperliche Krankheiten entstehen.

Nimm das Zuviel und das Zuwenig deines Lebens und bringe es ins rechte Maß. Schau dir aus der gegebenen Lebensspanne deine Gedanken, Taten und Gefühle genau an und erkenne, wo Mäßigung Not tut. Dass es irgendwo ein Ungleichgewicht gibt, ist oftmals nicht bewusst. Durchbreche den Kreis der Wiederholungen und Gewohnheiten.

Die Engel führen dich dabei und verbinden dich mit der Schöpferischen Kraft. Deine Energien sind in einem harmonischen Fluss mit Allem-was-ist, wenn du diese maßvoll einsetzt.

82. Lege deine Zweifel ab

Alles was zählt wurde außerhalb des
Zweifels geboren

82. Lege deine Zweifel ab

Was drängt in dir nach Entfaltung? Was ruft laut nach Gehör? Was fordert dich, leben zu dürfen in dir?

Es ist dein Wunsch, dein aus tiefstem Herzen kommender Wunsch.

Begrüße ihn, höre ihn und erinnere dich an dein Versprechen, ihn in Erfüllung zu bringen, indem du ihn von großem Ballast befreist.

Der Ballast sind deine Zweifel. Dein Wunsch war als erstes da, ja bereits vor dieser Zeit. Lasse ihn nicht einholen von unnützen Zweifeln. Sie sind zermürbend und hindern dich daran, frei und uneingeschränkt zu erfahren, zu genießen und erfüllend zu leben. Wenn sich Zweifel heranschleichen, schicke sie sofort wieder fort. Schwanke nicht, lasse keine ich-kann-nicht-Gedanken zu. Ein „aber" lässt resignieren, also bleib entschieden und vertraue deinem Wunsch.

Bitte die Engel um Hilfe, sie werden deine Zweifel zerstreuen helfen.

83. Sehnsucht

Lebe deine Sehnsucht

83. Sehnsucht

Sehnsüchte geben deinem Leben Antrieb, Motivation und helfen, Entscheidungen zu treffen. Es geht aber hier nicht um die Sehnsucht nach etwas Konkretem, wie z.B. um Geld, ein tolles Auto o.ä.

Es geht um dein Lebenskonzept.

Der tiefe Ruf deiner Seele nach Erleben lässt diese Art von Sehnsucht entstehen. Sie ist eine Kraft, die du nutzen kannst, um deinem Leben eine Richtung zu geben. Lebe diese Sehnsucht deines wahren Selbst, denn ungelebt bringt sie nur Mangeldenken und blockiert deinen Lebensfluß.

Sehnsucht entspringt dem Wunsch nach Geborgenheit, nach Angekommen sein. Nur, wer sich geborgen fühlt, wird seine Träume verwirklichen können und die Herausforderungen des Alltags meistern.

Die größte in uns allen wohnende Sehnsucht ist der Antrieb für unsere vielen Leben, und letztendlich unsere Heimkehr nach Hause.

84. Beachte die Zeit

Alles braucht seine Zeit

84. Beachte die Zeit

Wenn die Zeit reif ist, dann kannst du die Ernte einfahren. Willst du zu früh ernten, was du gesät hast, wird das Ergebnis dir Verlust bringen, dir mehr schaden als dienen. Wartest du zu lange, verdirbt die Frucht. Es gibt für alles einen richtigen Zeitpunkt.

Wenn du vermehrt auf Widerstände stößt, die Dinge nicht so laufen, wie du dir das erhoffst, so ist dies ein sicheres Zeichen dafür, dass die Zeit noch nicht reif ist. Habe Geduld und warte.

Alles kommt ins Fließen und Gelingen, sobald die Zeit gekommen ist. Das, was vor kurzem noch unerreichbar schien, kommt dann wie ein Geschenk. Alles fügt sich zur rechten Zeit. Also schweige still, gib acht und höre gut hin, die Engel kennen deine Sehnsüchte und Wünsche und tragen dich auf ihren sanften Schwingen zum richtigen Zeitpunkt und zum richtigen Ort, wenn das Universum soweit ist.

Sei voll Vertrauen, bleib gelassen und entspannt.

85. Sei aufrichtig

Aufrichtigkeit zeigt sich in

Worten und Taten.

85. Sei aufrichtig

Unsere Worte verbergen zuweilen unsere tatsächlichen Überlegungen. Wir sind nicht immer ehrlich, gradlinig, offen und wahrhaftig. Es mangelt an Aufrichtigkeit vor uns selbst und anderen.

Die Engel fordern dich auf:

Sei aufrichtig, ehrlich und bleibe dir sebst treu. Es ist nicht immer einfach, seine Einstellung zu vertreten und gegen Widerstände anzukämpfen. Aber wenn man im Einklang mit seinem Wesen bleibt, dann kann der Weg, den man eingeschlagen hat, die Meinung, die man äußert oder die Entscheidung, die man trifft, niemals falsch sein. Egal, wie stark der Gegenwind ist, egal was das Außen dir abverlangt, bleib stark, halte durch und ziehe Konsequenzen, mit denen du leben kannst. Wenn sich etwas für dich nicht richtig anfühlt, dann lass dich nicht beirren. Halte auch deiner Vernunft stand, die vielleicht den einfacheren Weg vorschlägt. Sei im Einklang mit dir und das äußere Leben wird sich dir anpassen. Die Engel wissen um deine Suche nach Wahrhaftigkeit und bestärken dich.

86. Verzichten

Wende dich ab von Negativem

86. Verzichten

Mit Verzicht meinen die Engel, die zeitweise Enthaltung von dich krank machenden Verhaltensweisen. Deine Aufgabe ist hier die Selbstüberwindung. Sie dient der Reinigung von schlechten Angewohnheiten, um Blockaden geistig-seelischer oder körperlicher Art zu heilen. Dem übermäßigen Genuss, den überzogenen Wünschen und Erwartungen als auch der Selbstverleugnung folgt immer die Enttäuschung, der Kummer und Schmerz. Der Mensch, der sich von seinen Begierden treiben lässt, ist nicht Herr über sich selbst. Er verliert die Klarheit, Wahrheit und Richtigkeit im Denken und die Ruhe in seinem Herzen.

Verzicht kann daher in vielen Bereichen sehr heilsam sein. Sich von einer schlechten Angewohnheit zu trennen bedeutet nichts anderes, als sich vor sich selbst zu verbeugen.

Die Engel bitten: Respektiere dich und gleichermaßen alles Leben und verabschiede dich von schädlichen Angewohnheiten und Einflüssen.

87. Innerer Frieden

Innerer Frieden ist kein dauerhafter Zustand

87. Innerer Frieden

Wir müssen uns den Zustand des inneren Friedens immer wieder aufs Neue erarbeiten, da wir im Alltag emotional nicht genug gefestigt sind. Wenn du z.B. deine Bedürfnisse vernachlässigst, weil du glaubst, kein Recht auf diese zu haben, dann versuche, mehr auf deine Bedürfnisse zu hören. Vielleicht akzeptierst du auch bestimmte Eigenschaften und Verhaltensweisen nicht, kannst dir nicht verzeihen oder vergleichst dich immer mit anderen oder empfindest Neid. Suche den inneren Frieden durch Kontakt mit Menschen, von denen du dich verstanden und geliebt fühlst und halte dich an Wohlfühlorten auf.

Versuche alles, was deinen Frieden stört, zu beseitigen. Manches kann man nicht ändern, aber lerne dies auch zu akzeptieren. Erkenne, wie du dein Kopfkino unter Kontrolle bekommst und vor allem erkenne, dass die meisten Ängste nur Unfrieden stiften und überflüssig sind. Bitte die Engel dabei um ihre Hilfe. Dein Weg zu innerem Frieden beginnt damit, dich für den Augenblick so zu akzeptieren, wie du denkst, fühlst und handelst.

88. Tue dir Gutes

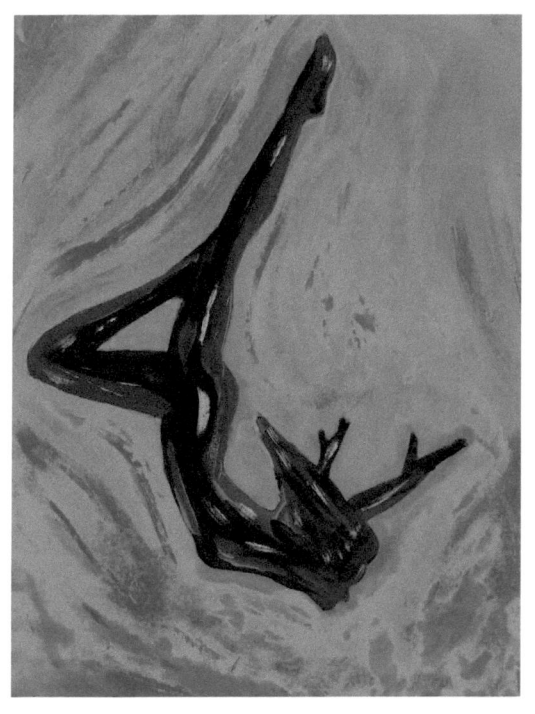

Lasse deine Seele lächeln

88. Tue Dir Gutes

Es ist nun an der Zeit, dass du dir gibst, was du brauchst. Nimm dir Raum und Zeit, entspanne und verwöhne dich. Lasse deiner Kreativität freien Lauf und erhöhe deine positiven Energien durch Dinge, die du liebst.

Finde heraus, was dich erfüllt. Womit streichelst du deine Seele? Es ist für dein inneres Wohlbefinden von großem Nutzen, wenn du dich nicht im Alltag in Pflichten, Gewohnheiten und äußeren Anforderungen jeglicher Art verlierst.

Gott möchte seine Menschenkinder zufrieden und glücklich erleben. Deshalb nimm dir regelmässig vor, dich selbst in den Arm zu nehmen. Gönne dir alles, was dich erfreut.

Die Engel bitten dich, es dir gut gehen zu lassen. Nur so bist du auch in der Lage, deine positive Energien und Liebe zu übertragen und so auch andere Menschen zu bereichern.

Seit mehr als 30 Jahren beschäftigt sich Susanna Winters mit spirituellen Themen, wobei Astrologie zu ihrer Passion wurde und dem „Jenseits" bzw. der geistigen Welt ihr besonderes Interesse gilt. 2013 erschien ihr erstes Buch im Auftrag ihres Schutzengels, welchen sie neben anderen Geistwesen channelt. In den letzten Jahren hat sich ihre spirituelle Entwicklung rasant verstärkt, und sie ist voller Dankbarkeit und Freude, so viel Unterstützung und Liebe aus der Geistwelt zu erhalten, um selbst weiter zu wachsen und als Medium Botschaften an andere weitergeben zu dürfen.

Homepage:

https://susannawinters.wixsite.com/susamitengel

Weitere Bücher der Autorin:

Kommuniziere mit deinem Engel, Bohmeier Verlag, 2014

Lichtkörpersymptome erkennen und heilen - Hilfe aus der geistigen Welt, Silberschnur Verlag, 2015

Seelentauchen - Gespräche mit einer Seele, Tradition Verlag, 2018

Angstfänger - Warum Angst zum Erwachen gehört und wie du sie überwindest, Tradition Verlag, 2019